Cte. de Merigny.

Née et Masquelier Sculp.

2

Cette touchante yvreſse
Ne dit rien à ton cœur.

LE PRINTEMS

OU

LA VOLIERE

Allegretto
Le Printems de re-tour nous raméne l'amour ce Dieu dans ce séjour
fi = xe sa cour tout dans la na = tu = re S'anime et s'é = pu = re
dans un si beau jour: viens sous ce treil = la = ge, viens voir son i = ma =
= ge, Les amoureux oiseaux brulans de feux nouveaux les amoureux oi =

Lent
Allegretto
=seaux brulans de feux nouveaux toujours se baisent ma Lucile ton
coeur res= te = ra t'il tranquille en les voyant S'unir sous ces ormeaux ton
coeur res=te=ra t'il tranquille en les voyant s'unir sous ces ormeaux
S'unir sons ces ormeaux Dans leurs charmans loisirs vois comme leurs delics

Doux.
se changent en plaisirs ,, ,, ,, ,, ,, ,, ,, ,, hé-las! cet-
-te touchante yvresse ne dit rien à ton cœur! N'entendras tu jamais la voix de la ten-
-dresse Ah! dit elle en suivant je sens que ma foiblesse bientôt si je restois détruiroit ton erreur ah!
dit ,, ,, ,, ,, ,, ,, ,, ,, ,, ,, ,, ,, ,, détruiroit ton erreur.

Calmés vous mes chers enfans,
Ne craignés plus votre mere ;

L'ETÉ.

L'Été .

Andantino .
Ayant quitté leur ou=vrage pendant l'ardeur du So=leil les moiſ=
=ſoneurs sous l'ombrage goutaient un heureux Som=meil Colin
et la jeune El=mire qui s'aimaient de=puis long tems n'avaient
encor pu s'inſ=truire de leurs tendres senti=mens mais pen=

II

Ah ! dit Colin, ma Bergére ,
Ecoutés un malheureux :
Ecoutés-le sans colére,
Et pardonnés lui ses feux .
Depuis deux ans je vous aime
Sans oser le déclarer ;
Lors-que l'amour est extrême
Est-on maitre de parler ?
Vivre pour vous adorer
Est pour moi le bien Suprême ,
Mais ne pas y consentir
C'est m'ordonner de mourir.

III.

Colin, repondit Elmire
J'éprouvais ce que tu sens,
Helas! j'allais te le dire
Au moment ou je l'entens.
Mais je tremble que ma mere
Ne me destine à Julien;
Sans savoir S'il peut me plaire
Elle sait qu'il a du bien:
De joindre mon Sort au tien
Je vais suplier mon pere,
S'il ne daigne y consentir
Avec toi j'irai mourir.

IV.

Mais dans un moment si tendre
Quel effroy vient les saisir!
Le Papa pour les entendre
Faisoit semblant de dormir.
Toi, dit il, qui m'es si chére
Pourquoi souffrir si longtems?
Ne peux tu donc à ton pere
Avouer tes sentimens?
Calmés vous, mes chers enfans,
Ne craignés plus votre mere,
Je vous permets de mourir,
Mais que ce soit de plaisir.

* * *

Ce nectar plein d'attraits,
Le vin coule à longs traits
La Vieillesse s'endort, et la Jeunesse veille.

L'AUTOMNE.

Allegretto.
Sur ces coteaux charmans venés jeunes a=mans au-jour=
=dhui de Bacchus par=mi nous c'est la fê=te, Dans ces heureux mo=
=mens oubliés vos mamans les doux flots de son jus leur tourneront la
tê=te. Bientôt dans les bras du sommeil vous les verrés abandonnées

n'attendés pas que leur réveil vous rende en-core infortu-nées
Amans, pour combler vos de-ſirs profités des jours de l'Au-
-tomne Le Printems promet les plaiſirs le Printems promet les plai-
-ſirs mais c'eſt le Vin qui nous les don-ne.

II.

Voyés déja Colin
Qui dès le grand matin
Attend avec ardeur la jeune Colinette ;
Elle arrive à l'instant,
Et cherche le moment
De pouvoir lui donner un baiser en cachette ;
Dès que sa maman dormira
Comme bientôt la pauvre fille
Avec transport la laissera
Pour trouver Colin sous l'ormille !
Amans, pour combler vos desirs
Profités des jours de L'automne ;
Le Printems promet les plaisirs,
Mais c'est le vin qui nous les donne.

III.

Eglé, Lizette, Iris,
Et l'aimable Cloris
Ont déja vendangé les doux fruits de la treille ;
Ce nectar plein d'attraits
Le vin coule à long traits,
La Vieillesse s'endort, et la jeunesse Veille.
On n'obéit en ce beau jour
Qu'à Bacchus, et qu'à la tendresse,
Le Vin, le bonheur, et l'amour
Les livre à la plus douce yvresse.
Amans, pour combler vos desirs
Profités des jours de L'automne ;
Le Printems promet les plaisirs,
Mais c'est le Vin qui nous les donne.

* * *

Tes froids mortels et tes frimats
Ont des appas
Pour les malheureux qui ſoupirent.

Le Bouteux inv. D. Née Sc.

L'HYVER

Allegro
Hy=ver ou la Nature n'a pour parure que la ver-dure des Ci=
= près on n'en-tend plus dans ce Bocage Des amoureux Oiseaux
... le paisible Ramage pour eux L'amour n'a plus d'attraits quand tu parais.
... leurs feux expirent mon cœur mon cœur ne leur ressemble pas tes froids mor=

= tels et tes fri=mats ont des appas pour les malheureux qui ſoupi=rent tes
froids mortels et tes frimats ont des appas pour les malheureux qui ſoupi =
= rent Helas! quand leur yvreſſe prouvoit sans ceſſe et leur ten=dreſ-ſe
doux
et leur ar-deur, a-vec cha=grin je voyois cette I=mage et leurs bai =

ſort
=ſers me ſembloient un ou=trage tout ce qui reſſemble au bonheur aigrit mes
maux et me dé ſo =le mais de la nuit le calme té=nebreux ou d'un ciel noir et
né-buleux l'aſpect affreux ſans me rendre heureux me conſo =le mais d'un ciel
noir et nébuleux l'aſpect affreux ſans me rendre heureux me conſo = le .

Ah! dit elle, en montrant le poing
Tu défobéis à ta mere.

LE POT AU LAIT.

Andantino
Alain é=tait in=di=fé=rent il voit Rose et n'est plus le même Rose ne
vouloit point d'a=mant Alain pa=raît voilà qu'elle ai = = me.
prend il sa main On veut gronder mais c'est d'un langage si ten=dre on a pei-
=ne à la lui cé=der et plus de peine à la repren=dre On a pei=

Le Pot au Lait.

II.

Mais pour les amoureux projets,
Quel Argus quel'oeil d'une mere !
Celle de Rose est aux aguets
Elle remontre, elle exagere.
Vain effort ! inutile Soin;
Rose l'écoute sans comprendre,
Tandis que l'amour dans un coin
Sans lui parler s'en fait entendre.

III.

Sa mere un jour trait ses brebis :
Puis luidit: Monseigneur nous aime :
Pare toi de tes beaux habits ;
Et porte au chateau cette Crême :
Mais en chemin ne bronche pas
Car, c'est comme l'honneur, ma chere,
Si tu fais le moindre faux pas
Voila le Pôt au Lait parterre.

IV.

Rose ajuste son bavolet ;
Puis ferme, appuyé sur sa tête,
Des deux mains tient son pôt au lait:
Quand tout à coup Alain l'arrête :
Le malin demande un baiser ;
Rose de vouloir se deffendre :
Mais le Pôt pourrait se briser,
Il vaut bien mieux le laisser prendre.

V.

La Vieille qui suivoit de loin,
Accourt dès qu'elle voit l'affaire ;
Ah ! dit elle, en montrant le poing:
Tu désobeis à ta mere :
Rose dit, d'un ton ingénu,
Voila ce qu'on gagne à bien faire:
Si je me fusse défendu,
Le Pot au lait seroit partere.

M. LE. PRIEUR.

II.

Mille trompeurs par leurs discours
Remplis d'une perfide adresse,
Chèz vous s'éfforcent chaques jours
De prouver leur feinte tendrèsse:
Fuiés ce charme séducteur,
Tôt ou tard il devient funeste
L'oreille est le chemin du coeur,
Et toujours le coeur l'est du reste.

III.

Ressentés donc pour votre amant
Ce qu'il ressent pour son amante;
Comme il sera toujours constant
Soyés aussi toujours constante.
Mais pour cèsser de m'allarmer,
Jurons de l'ardeur la plus vive
Moi, de vivre pour vous aimer,
Vous, de m'aimer pour que je vive.

* *

Ah ! dieux quel bonheur !
Dit Colin, jamais tant d'ardeur
Ne m'enflama, ma chere Colinette ;

LE

RACOMODEMENT.

Allegretto.
Hier aufoir fous un ormeau je vis la jeune Co-linette gardant trif-
-tement fon troupeau qui bondiffoit près du hameau bientôt Colin joi-
-gnant la Bergerette lui dit recevés mes adieux: quand je vous peins mes
tranfports amoureux toujours vous êtes indocile, mais quand Li-

= cas vous parle de fes feux vous n'êtes plus fi difici-le : Ingratte, à mon
tour je ne fens plus d'amour jamais mon cœur ne fut auffi tranquille, et
je vous quitte fans re-tour in gratte à mon tour je ne fens plus d'a=
=mour jamais mon cœur ne fut auffi tranquille et je vous quitte fans re-tour.

II.

De grand matin dans le Verger
J'etois rempli de ma tristesse ;
Tout d'un coup j'ai vu ce Berger
Qui sçait enfin vous engager.
Vous aprouviés sans doute sa tendresse,
Car je l'ai vu vous embrasser :
Lorsque L'amour me force à desirer
Toujours vous êtes Indocile,
Mais quand Licas vous demande un baiser
Vous n'êtes plus si difficile.
Ingratte, à mon tour
Je ne sens plus d'amour,
Jamais mon coeur ne fut aussi tranquille,
Et je vous quitte sans retour.

III.

Pour quoi me soupçonner, hélas !
Avec douceur, dit Colinette,
Colin ne vous allarmés pas,
Et ne craignés jamais Licas.
Pour votre coeur la haine est elle faite ?
De lui ne soyés point jaloux.
Il me rendoit dans ce moment si doux
Le noeud charmant de ma houlette ;
Ce noeud chéri que je tenois de vous
Il l'avoit trouvé sur l'herbette......
Ah ! Dieux quel bonheur !
Dit Colin, jamais tant d'ardeur
Ne m'enflama, ma chere Colinette,
A jamais régne sur mon coeur.

* * *

La mere entend, doute, examine,
Puis leur donne un autre concert.

LE CLAVECIN.

Andantino
Lise un jour di-sait à sa mere, si je chante sans a grément c'est que rien ne m'ex
= cite à plaire; ma bonne est seule qui m'entend sçavés vous pour-quoy
ma sau = vet = te, forme des accords si touchants ! c'est que mon Pinson en ca =
= chette bât des ailes à ses accents bât des ailes à ses accents bât des ailes à ses ac = cents .

II .

Pour vous, dit la mere prudente ,
Je ferai choix d'un Instrument :
Touché par une main savante ,
Il obéit facilement.
On est étonné de l'entendre
Joindre à nos sons des sons plus doux ;
Vous croiriés qu'il a l'âme tendre ,
Et qu'il soupire comme vous

III .

D'un Clavessin on fait l'Emplette :
Lise seule court l'essayer :
Elle chante.... une voix repette...
Ses doigts tremblent sur le Clavier :
On se rassure : on le découvre :
Mais que ses yeux sont effrayés !
Soudain la machine s'entr'ouvre,
Un jeune homme tombe à ses pieds .

IV .

Sa frayeur ne fut pas mortelle ,
Ce jeune homme était son amant,
Qui pour s'introduire chès elle
S'était caché dans l'instrument.
On aplaudit à l'artifice ,
On se caresse ingénument :
Dans un Couple encore novice
L'amour est bien intéressant .

V.

Dans le boudoir, par prévoyance
Le jour on le faisoit cacher ;
Peutêtre la nuit, par prudence,
Plus près on le fit aprocher.
Du Clavecin nôtre ignorante
Eut bien vite appris tout les tons :
Une fille est bientôt savante
Quand son coeur retient les leçons.

VI.

Un jour qu'ensemble à la sourdine
Ils essayoient un nouvel Air ;
La mere entend, doute, éxamine,
Puis leur donne un autre concert :
Lise dit ; j'avois cru bien faire ;
Vous cherissés cet Instrument ;
J'ai, dans le dessein de vous plaire,
Pris un maitre qui me l'aprend.

M. LE PRIEUR

Le bruit confus de ce ſouper
En liberté nous laiſse.

LE SOUPER.

f. Allegretto
Oui, ma seule en-vie Jeune Sil-vie ma ſeule en-vie Jeune Sil-
-vie eſt d'exprimer l'amour dont tu sçais m'enflamer, je ne vis plus que pour
ma vi-e Oui ma ſeule en-vie Jeune Sil-vi-e
JeuneSilvie eſt d'eſſa-cer les ſoupçons qui ſont pûbles

=ser et n'ont que trop sçu t'offenser, tu n'aurais jamais du penser qu'à toi je
puisse renoncer, Tu n'aurais ja = mais du pen = ser qu'à toi je
puis = se re = non = cer Mais ne puis-je en = ten = dre ta voix si
tendre ne puis-je en = tendre ta voix si ten = dre, me ras = su =

= rer et tout bas me ju = rer la plus vive ten = dres = se
le bruit confus de ce souper en liberté nous laisse ah! ma Silvi =
= e ah! ma maitresse ah! ma Silvie, ah! ma maitresse cet heureux mo
= ment va téchapper cet heureux mo = ment va té = chap = per .

Mais aux marches du ſanctuaire,
Pour Prêtre, elle voit ſon amant :

Le Bouteux pin. J.J. Masquelier Sc.

LE PRÊTRE
D'ESCULAPE.

Largetto
Comme au fort d'un Eté brulant on voit les fleurs perdre leurs
charmes dès que l'au-rore de ses larmes N'humécte plus leur sein ar:
: dent: de même en sa douleur mor telle Li:sis penche un front
languissant on a bau:ni son a:mant peut elle en:

II .

Myrtile l'aimoit vainement
Il n'avoit que le don de plaire,
Faible trésor aux yeux d'un pere,
Qui juge au poid d'un sentiment :
L'un de l'autre ils pleuroient l'absence :
Les amans sont communs entre-eux
Ils ont une vie à deux :
Leur cœur fait leur existence .

III .

Le mal dont Lisis va périr
Est un mistére qu'on ignore :
Son pere , au temple d'Epidaure
Veut la mener pour la guérir :
Elle en sent une peine extrême :
Rarement un coeur amoureux
D'encens fatigue les dieux :
Il ne croit qu'à ce qu'il aime .

IV .

On arrive . un Serpent affreux
Est le Dieu que l'on y révére :
Mais aux marches du Sanctuaire ,
Pour Prêtre, elle voit son amant :
A ses genoux l'impénitente
Tombe, en demandant guérison :
L'amour dictoit l'oraison :
Elle étoit bien éloquente .

V .

Le Pere à peine en croit ses yeux :
„Comme, dit elle, dans la vie
„On a plus d'une maladie,
„Il faut savoir borner ses voeux :
„Pour les maux qui peuvent naître
„Du Dieu réservons nous l'appuy ;
„Pour me guérir aujourd'hui ,
„Je n'ai besoin que du Prêtre .

M. LE PRIEUR .

Bien doucement, il la descend
Aidé d'une echelle.

L'ENLÉVEMENT

Gaiment.
D'un amour constant Léandre aimait Lucille qui le ché=rissait tendre=
=ment, mais pour leur tourment sa cruel=le famil=le l'avait enfer=mé=
=e au Cou=vent dans le Jardin, en se cachant, il sçut s'intro=dui=re;
par son a=dresse et son argent il sçut tout sé=duire, Dans ce soli=tai=

II.

Au fond d'un Bosquet
Il vit la pauvre fille
Qui tristement se promenait.
Il cueille un Bouquet
Et le porte à Lucille
Lui disant: lisés ce Billet.
Mais malgré le déguisement
Qui cachait Léandre,
Elle reconnut son amant,
Cet amant si tendre:
Ah! s'écriat'elle, mon cœur
Peut encor jouir du bonheur!
Puis-que je peux et te voir, et t'entendre,
Tu calmes ma douleur.

III.

Loin de tous les yeux,
Elle fuit, et s'empresse
De lire l'écrit amoureux.
L'objet de ses voeux,
Fidelle à sa tendresse
Va combler l'espoir de tous deux:
Dans ce Billet on lui disait
D'ouvrir sa Fenêtre,
Et qu'à minuit elle verrait
Léandre paraître:
Avec transport elle attendit
Que le calme heureux de la nuit
A L'univers donnant un nouvel être,
Tout le couvent dormit.

IV.

Enfin elle entend
Sonner l'heure attenduë
Qui doit terminer son tourment:
Son fidelle amant
Se présente à sa vuë,
Et grimpe à son apartement.
Bien doucement, il la descend,
Aidé d'une Echelle:
L'amour aplaudit au serment
Du Couple fidelle.
Pour toujours l'autel les unit;
En leur faveur, on s'adoucit:
Par une ardeur à jamais mutuelle,
Leur bonheur s'accomplit.

* * *

De l'amitié, dans ce jour
Vous demandiés la ſtatuë,
Et vous emportés l'amour.

LA STATUE

DE L'AMITIÉ.

Andantino
Ami = tié ma voix t'implore l'amour peut il t'ég a = ler comme
La vermeille aurore tu brilles ſans nous bruler ſur tes pas je m'aban=
= donne tu ne promets pas en vain, l'aimable paix t'envi= ronne le bou=
=heur naît ſous ta main le bonheur naît ſous ta main.

II.

Ainsi parloit Cleonice,
Elle n'avait que quinse ans ;
Douce erreur d'une Novice
Qui fait ses premiers sermens :
A l'idole qui l'Enchante
Un petit temple est dressé,
Par la belle indiférente
Soir et matin encensé.

III.

Mais il lui faut une image
Qui lui rapelle ses traits :
Les Arts pour ce digne ouvrage
Seront ils assés parfaits ?
Elle court chés Praxitele ;
Veut un chef d'œuvre à l'instant :
Sa chimére etoit si belle.....
Son buste sera charmant.

IV.

L'artiste expose à sa vuë
L'amitié, mais comme elle est,
Simple, mâle, retenuë,
Sans graces, et sans aprêt.
L'art n'a point rendu, dit elle,
Ses traits, son air enchanteur ;
Voulés vous un sûr modéle,
Il est empreint dans mon cœur.

V.

Non loin, sur un lit d'albatre
Repose un aimable Enfant :
Voila ce que j'idolatre
Dit elle, en s'en emparant :
Eh! quoi donc, belle ingénuë,
De l'amitié, dans ce jour
Vous demandiés la Statuë,
Et vous emportés l'amour !

M. LE PRIEUR.

Allegreto
Si - c'eſt le mot d'amour qui cauſe vôtre peine nous pouvons
bien ſans lui nous ai-mer déſormais, mais, ai-
-mons nous donc toujours mon aimable Climene ſervons ce Dieu ſans le nommer ja-
-mais Ser-vons ce dieu ſans le nom̃er jamais,

68

Songés que je dois à la danſe
Ce ſeul inſtant de jouiſsance....

LE BAL.

Allegretto
Ecoutés moi donc, ma Lu-cille, pouvés vous voir d'un oeil tranquil-le
les maux qui déchirent mon coeur; Conſolés l'amant le plus tendre;
pendant qu'on ne peut nous entendre, un mot peut faire mon bon-heur.
Fin
1 Couplet.
Songés que je dois à la danſe, ce ſeul ins-tant de jouiſſance. Un ſi doux mo-

:ment vient si rarement! Profités de cet instant pour rassurer votre a:mant,
un si doux moment vient si rare:ment, Profités de cet instant pour rassurer
f. 2 Couplet.
votre a:mant. La Pauvre fille emuë craignant d'être entendue tristement
f.
f.
se taisait et tout bas soupirait. Mais tout d'un coup ne voyant plus sa mere que

la foule entrainait, frémissant de colere elle saisit l'ins=tant et lui dit en trem=

=blant: Ah! mon cher Lindor ta Lucille est loin de voir d'un oeil tran-quille les maux qui

déchirent ton coeur J'aimerai toujours l'amant le plus tendre pendant qu'on ne peut

nous en-tendre, Que cet aveu suffise à ton bon=heur que cet aveu suffise à ton bonheur.

74

Babet, dit elle, va périr,
Voila le Loup qui l'embraſse.

LE
LOUP GAROU

Allegretto.
Des Bergeres du ha-meau Babet étoit la plus belle des Ber-gers a-
-moureux d'elle, Lucas é-toit le plus beau. leur cœur, leur age, est le même
Lors que l'on est si ressemblant on n'est pas deux im-punément et l'amour vient
en troisie-me on n'est pas deux impuné-ment et l'amour vient en troisieme

II.

De Babet la mere a soin
D'empêcher leurs feux de croître...
Quand l'amour vient à paraître
L'artifice n'est pas loin.
Lucas un tour imagine,
Vers le minuit, dit-il, tout bas
Babet......mais Babet n'entend pas;
Et pourtant son cœur devine.

III.

Arrive l'instant promis.
C'est l'heure de la Veillée:
Grave et lugubre assemblée
Où nul garçon n'est admis.
On file, on coud, on s'empresse:
Les Vieilles pour passer le tems
Parlent de Loups, de Revenants;
Les Jeunes de leur tendresse.

IV.

Voilà qu'un long hurlement
Perce au travers des tenèbres:
Revêtu d'habits funèbres,
Un Loup entre en se trainant:
On fuit la bête cruelle:
Babet l'attend d'un front serein,
Sure que le monstre inhumain
Ne le sera pas pour elle.

V.

Suson sa petite sœur
Qui pour le moins la croit morte;
Pour regarder par la porte
S'approche en tremblant de peur:
„Ah! maman, l'effroy me glace;
„Si nous n'allons la secourir
„Babet, dit-elle, va périr,
Voilà le Loup qui l'embrasse.

M. LE PRIEUR.

Adagio
De ses traits le Dieu de Cy = there vous à fait don jeune Bergere, tout
cé ... de à vos char mes vain = queurs, de ses &c = queurs ne gardés
pas un pré = sent si fu = nes = te un trait suf = fit pour u =
= nir nos deux coeurs, ren = des ... à l'a = mour tout le res = te
M. DE LA SABLIERE

L'hymen vint de ses nœuds,
Récompenser leurs feux
Et leur confiance.

L'HEUREUX MARIAGE

Cantabile
Licidas et Luci = le s'aimoient depuis longtems une mere indo =
= ci = le génoit leurs ſentimens à peine ils ſe voyoient quelques heureux mo =
= mens il fallait ſe con = train = dre ſans ceſſe dé-guiſer leurs tendres mouve =
= mens et renfermer leurs pei = = nes ſans ſe plaindre la ſévere ma =

:man préferoit Cidaman, Vieux, mais riche im : bé : cil : le c'est
l'ar-gent qui fait le bonheur hélas ! sans lui la vie est un mal :
: heur toujours disait - elle à Lu : cil : le n'écoutés jamais votre cœur c'est
cœur mais touché de leurs lar : mes le papa s'attendrit pour cesser leurs al-

lar = mes bientot il les unit l'hymen vint de ses nœuds récompenser leurs
feux et leur cons = tan = ce, Livrés à leurs de = sirs pour eux tout fut plai =
= sirs et jouis-san = = ce et l'on vit chaque jour redoubler leur ....
.... a = mour et l'on vit chaque jour redoubler leur ..... a = mour....

Vraiment, j'accomplis la loy,
Ma mere, je ſais l'aumone.

L'AMOUR
FRERE QUÊTEUR.

L'Amour frére quêteur .

II.

Le voila qui tout marmotant,
Se fait accès dans les familles;
Escamote le cœur des filles;
Et des meres prend l'argent.
Tant il fait par son Eloquence,
Qu'il damne, au lieu de convertir;
Et fait aimer le plaisir,
En prêchant la pénitence.

III.

Un soir il frappe à la maison
De la jeune et simple Glicére,
Qui saintement avec sa mére,
S'apliquoit à l'oraison.
Son habit le fait introduire,
La petite court au trésor;
On donne encor, puis encor,
La tasse ne peut suffire.

IV.

En échange, d'un air contrit,
Le Frére aprend une priere,
Qui n'est pas dans le Bréviaire,
Ou chaque jour elle lit.
Eh! mais, d'ou vient, dit la matrône
Être si longtems loin de moi?....
„Vraiment, j'acomplis la loi:
„Ma mere je fais l'aumône.

M. LE PRIEUR.

Andantino.
Un jour au feu des beaux yeux d'une Brune, je vis l'amour forger ses
traits, mais hé=las pour mon infor=tune je regardai l'ouvrage de trop
près. Il en sortit tant d'Etincelles que ce dieu même en redoutant l'ardeur, vou=
=lut s'enfuir mais il brula ses ailes et ne put voler que dans mon cœur.

Ecoute moi, dit-il, perfide
Je te dois ces tristes adieux:

L'OMBRE D'HYLAS.

II .

Un Spectre sanglant et livide
Dans ce moment s'offre à ses yeux ;
Ecoute moi, dit-il, perfide,
Je te dois ces tristes adieux :

C'est du plus profond des abimes
Que je m'élance dans les airs,
Pour te reprocher tous tes crimes,
Et te dévouer aux enfers .

Mineur .

IV . Couplet

Plaisir trompeur et peu durable !
Eclat passager d'un beau jour !
Ton cœur, hélas, bientôt coupable
Trahit ton amant et l'amour ,

Insensé, je crus que l'absence :
Pourrait éteindre enfin mes feux ;
Mais j'éprouvai que la constance
Est la vertu des malheureux .

V. Majeur

A ta barbare tirannie,
La mort seule a pu m'arracher;
Sans frémir, j'ai quitté la vie;
Frémis de te le reprocher.
Tu trembles, tu palis, cruelle,
Rougirais tu, de tes forfaits?
C'est envain.... La Nuit éternelle
Nous a séparés pour jamais.

VI. Mineur

Souffre, gemis, verse des larmes,
Meurs chaque jour, de mille morts;
De regret en perdant tes charmes,
Et de douleur, par tes remords.
Que tes jours soient des jours funèbres,
Que l'effroy glace ton someil.
Entends ma voix dans les ténèbres,
Et tremble encor à ton réveil.

VII. Majeur

Pour détourner ces voeux funestes
Et te soustraire à tant de maux,
Viens découvrir mes tristes restes,
Suis moi dans la Nuit des tombeaux.
Prends le poignard qui de ma vie
A seul pu terminer l'horreur.
Ingratte, imite ma furie,
Frappe, plonge le dans ton cœur.

VIII. Mineur

Mais, dans mon Cercuëil je retombe,
La mort, l'impitoyable mort,
Me retire au fond de ma tombe;
Il faut céder à son effort,
Tu gemis.... serais tu sensible
A ton parjure, à mon tourment?
Ah! que ma mort serait horrible.
Si tu regréttais ton amant!

***

Il vole avec empreßement,
Lui jurer
Un amour qui ne peut changer ;

Le Bouteux inv. D. Née Sculp.

LE PREMIER SOUPIR DE L'AMOUR.

Allegretto
Dans l'âge ai - mable ou d'aimer et de plaire l'on fait son bonheur
la jeune I - ris des plaisirs de Cithere défendoit son coeur aux soins
du fidèle Sil - vandre elle avoit fait ser - ment de ne jamais se rendre
que de tels voeux sont in - discrets quand l'amour veut lancer ses

II.

Le jour parait, et la belle Insensible
N'a pas fermé l'oeil.
L'amour ainsi de son âme insléxible
Veut punir l'orgueil.
Le sommeil suivoit sa paupiere :
Que reste til alors à la Beauté trop fiere?
Quand on veille, et qu'on n'aime pas,
Où peut on trouver des appas ?
Le Réveil
Est comme le plus froid sommeil.
Mais quand on aime, et que l'on plait,
C'est toujours un nouvel attrait ;
Le sommeil
Est comme le plus beau réveil.

III.

Dans un jardin fait pour le doux mistére
Des jeux des Amours ;
Contre l'ennuy, notre Beauté sévére
Cherchoit du secours :
L'amour la guéttoit au Bocage ;
Ce jour même il vouloit s'assurer son homage
L'aimable fraicheur du matin,
Un air paisible, un Ciel serein,
De cent fleurs
Les parfums, les vives couleurs,
Et plus que tout cela l'ennuy
D'un coeur tout seul et sans appuy ;
En un jour
Ah! combien d'armes pour l'amour!

IV.

En ne voulant qu'admirer la Nature
Son Oeil enchanté
Trouve partout la naive peinture
De la volupté.
Son cœur s'agite, elle soupire:
Dieu d'amour, c'en est fait, je céde à ton Empire.
Cher Silvandre, je m'aperçois
Hélas! pour la premiere fois
Que mon cœur
N'a jamais connu le bonheur.
Viens dans mes bras, amant heureux,
Recevoir le prix de tes feux:
Non, mon cœur
Ne peut retenir son ardeur.

V.

Tandis qu'Iris de l'amour le plus tendre
Savouroit l'attrait,
Un sort heureux avoit conduit Silvandre
Près de ce Bosquet.
Il voit son Iris moins farouche,
Son nom même est sorti de sa charmante Bouche.
Dans le plus doux ravissement
Il vôle avec empréssement,
Lui jurer,
Un amour qui ne peut changer;
La Belle ne repondit pas,
Mais lorsque dans un pareil cas
On se tait,
L'aveu n'en est que plus parfait.

M. DE S.T ALPHONSE.

Ce Dieu lui reprit Euridice
Pour prix de ses divins accords.

LE JUGE
JNTEGRE

Presto
Lorsque le Chantre de la Thrace : sur les Som : bres
bords des : cen : dit , on pu : nit d'abord son au :
: dace, par sa femme qu'on lui ren : dit , Mais bien :
: tôt par une jus : ti : ce qui fit hon : neur au Dieu des

morts . . . . ce Dieu lui reprit Euri-
-di-ce pour prix de ses divins ac-cords, pour
prix de ses divins ac-cords, pour prix de
ses divins ac-cords.

PANNARD.

Adagio
Romance
Songéz bien que l'amour sçait feindre redoutés un sage Ber-ger,
on n'est que plus près du danger quand on croit n'avoir rien à craindre
II.
Je voyois sans être inquiette
Daphnis m'aborder quelque fois;
il me trouvoit seuléte au Bois,
Sans jamais me conter fleurétte.
III.
Si je chantois dans le Boccage,
Pour m'écouter il s'arrétoit;
Une autre Bergere chantoit,
Il s'en retournoit au Village.
IV.
Sans crainte, sans inquietude
Chaque jour J'aimois à le voir;
Bientot sans m'en appercevoir
Je perdis toute autre habitude.
V.
L'enchanteur! Qu'elle adresse extrême
Il employoit pour me charmer!
Croiroit on qu'on se fit aimer
Sans jamais dire, je vous aime!
VI.
Des amans me peignant l'yvrésse
Il m'entretenoit tout un jour,
C'étoit pour condamner l'amour,
Mais c'etoit en parler sans cèsse.
VII.
Daphnis enfin sçut me contraindre
A partager sa tendre ardeur;
Je sentis qu'il avoit mon cœur,
Quand je commençai de le craindre
Montcrif.

Ah! trompeuse Himéne
Je romps ma chaine.

III

Andantino
Ah! trompeuse Is=mene je romps ma chaine trompeuse Is=
=mene je romps ma chaine pour la derniere fois aujour=dhui . . .
. . . je vous vois pour la derniere fois aujour dhui je vous vois votre
. plainte est vaine ah! trompeuse Is=mene je romps ma chaine

trompeuse Is=méne je romps ma chai=ne un jour vous re=
=grét=te=rés... l'a=mant que vous per==dés
un jour vous re=gret==te==rés l'a=
=mant que vous per===dés
Fin.

Près d'une autre belle mon cœur fi = déle près
. . . d'une autre belle mon cœur fi = = dé = = le
va gouter le bon = heur d'une fin = cére ar = = deur
va gouter le bonheur d'u = ne fincere ar deur d'une fincere ar = deur.

Sur l'œillet, et sur le jasmin,
Sur la rose qui vient d'éclore,

LA PROMENADE DU MATIN

doux
Cantabile
Sur l'œillet et ſur le Jaſmin ſur la Ro-ſe qui vient d'éclore,
l'abeille va dès le matin baiſer les larmes de l'aurore l'a-beille
va dès le matin baiſer les larmes de l'aurore, baiſer les larmes de
l'auro-re Iris que je serais heureux ſi je pouvais la prendre pour mo

dé - le si si je vous feriés la fleur nouvelle où j'i -
rais chaque jour plus tendre et plus fi - dé - le cu ëillir à tous momens cent bai -
sers amoureux vous feriés la fleur nou - velle où j'i -
rais chaque jour plus tendre et plus fi dèle cuëillir à tous momens cent baisers amoureux.

Andantino
On croit par tout que je vous aime en vain je m'en deffens on dit qu'on le sçait
bien on 〃 〃 〃 〃 〃 〃 〃 〃 en 〃 〃 〃 on dit qu'on le sçait bien on
〃 〃 〃 〃 mais pour vous jeune Iris il n'en est pas de même, il 〃 〃 〃
〃 je vous le dis sans cesse et vous n'en croyes rien je 〃 〃 〃 〃 〃

Pour la derniere fois
Aujourd'hui je le vois
Ce tendre gage.....

LES DERNIERS REGRETS D'UN AMANT

Allegretto
Ah! Sil-vi - - - e si ché-ri - - - - e toi qui devais m'aimer
le reste de ma vi - - e quand l'espé-ran - - ce m'est ra vi - -
- e il faut en fin re - non - cer pour jamais à tes séduisans at -
-traits il faut renoncer pour ja - mais à tes sé dui-sans at - -traits.
fin

ton cœur vo-la-ge a lors constant me fit pré-ſent de ton I-
-ma-ge pour la der niere fois aujourd'hui je le vois ce tendre ga-ge
de toi mon ſeul ſouve-nir ſe ra de te ha-ir oui de toi
mon ſeul ſouve- -nir ſe-ra de te....... ha-ir.
da Capo

Andantino
piano
Par un bai-ser sur les lévres d'I-ris, de ma fi-delle ardeur j'ai-
-déro-bé le prix mais mon bonheur à pas-sé comme un son- -ge
-ge Je doute en-cor de ma féli-ci-té mon bonheur fu trop grand pour
n'etre qu'un mensonge mais il dura, " " " " trop peu pr u-ne veri-té.
ROUSSEAU.

Vos yeux commencent nos tourmens,
Et vos doigts charmans
Achévent leur ouvrage.

LE
CONCERT.

Andantino
Vos ta=lens et vos attraits dans
une a=me sen=si=ble en peu de tems ont trop fait
de progrès pour é=vi=ter les regrets et jouir d'un sort pai=
=si=ble il faut vous voir toujours ou ne vous voir ja=

La Musique est de Mylady Hamilton.

Andantino
l'Esprit vous plaît l'amour vous blesse qu'en ai-je autant d'esprit que je sens
de tendresse, L'esprit autant
Peut être belle Iris vous verroit on un jour en faveur de l'Es-prit
pardonner à l'amour peut

Sur le tombeau qui de mon corps
A jamais contiendra les restes . . . .

LE TOMBEAU

Romance
De-puis que le cru = el a = mour má capti = vé sous son
empi = = re, Ismé=ne me suit cha que jour et moi chaque jour je
sou = pi = re. Bientôt pour plaindre mes mal = heurs je n'aurai plus assés de lar =
= mes de mon sang au déffaut de pleurs amour j'arrose = rai tes ar = mes

II

C'en est fait, si mon triste sort
Ne peut toucher mon inhumaine,
Je vais terminer par la mort
Mon amour, ma vie, et ma peine:
Hélas! de ma fidélité
Un Cyprès gage déplorable,
De son injuste cruauté
Sera le monument durable.

III

Sur le tombeau qui de mon corps
A jamais contiendra les restes,
Que du tems malgré les efforts
On puisse voir ces mots funestes:
,, Des rigueurs d'Himéne et d'amour
,, Hylas mourut à son aurore;
,, Hylas s'il revoyoit le jour
,, Adoreroit Himéne encore.

M. Chabanon de Maugry

Larghetto
Chere Annette ecoutés toute mon infortu=ne ma présence vous impor=
=tune votre cœur se refuse à mes soins empréssés votre 〃 〃 〃 〃 〃
〃 〃 〃 〃 Ah! si je vous déplais à force de constance donnéz moi la moi=
=tié de votre indiffé-rence, vous en aurés toujours assez vous 〃 〃 〃 〃 〃

Sa triſte amante abandonnée
Pleure ses maux et ses plaiſirs.

CONSEILS AUX FEMMES,

Andantino
Si vous voulés qu'un tendre cœur soupire long-tems pour vos charmes
ne lui rendés jamais les armes, Iris, redoutés un vainqueur ce sont les
craintes les allarmes qui fixent les tendres ardeurs l'amour se nourrit
par les larmes et s'affai = blit par les fa = veurs l'amour se

II

Souvent l'amant le plus soumis
Devient un tyran infidèlle,
Et bientôt une ardeur nouvelle
Détruit tout ce qu'il a promis :
Alors à ses regrets livrée,
Et rougissant de ses desirs ;
bis { Sa triste amante abandonnée
Pleure ses maux, et ses plaisirs.

III

Pour rendre votre amant content,
Qu'il soit toujours bien près de l'être :
Quand le bonheur se fait connaître,
Il disparait au même instant.
Songés toujours que votre empire
Par les obstacles s'affermit ;
bis { On est de feu quand on desire
On devient froid dès qu'on jouit.

* * *

II

Dans ses yeux la crainte
Etoit si bien peinte
Que ce Berger la connut aisément;
Il s'offrit d'être son Guide,
Et la Bergere timide
N'osa refuser cet amant:

III

Pour prix de sa peine
La belle inhumaine
Ne lui promit seulement que des fleurs
Mais son ame peu discrette
Pressa la jeune Lisette
De lui donner d'autres faveurs.

IV

La belle soupire,
Et n'ose rien dire,
Mais un regard aussi tendre que doux
Lui dit de se satisfaire;
Ah! pouvoit elle moins faire!
Lisette avoit trop peur des Loups.

* *

L'infortuné David aux pieds du ſaint autel,
Par ces mots, en tremblant, imploroit l'Eternel.

REGRETS DE DAVID
SUR LA MORT
DE BETSABÉE

Grave.
Fort.
L'infortuné David, au pied du saint Autel, par ces mots en trem =
: blant implorait l'Eternel. Je suis pu = ni je
Doux
perds ce que j'a = dore, ce cher au = teur de
mes for = faits, c'est malgré moi que je t'of = fen =

= ce en = core, mon dieu par mes tris = tes re = grets: mon cœur est
dé = chi = ré sans cés . . . . se par le re =
= mord et le de = sir et je mourrais de repentir si je n'expirais
de tendresse, et je mourrais de repentir si je n'expirais de tendresse.

II.

De mon devoir déplorable victime
Longtems je n'ai fait que languir ;
J'ai fuccombé, j'ai vécu dans le crime,
Mais pouvais-tu mieux m'en punir !
Seigneur, ta puiffance fuprême
N'a plus de coup à me porter ;
On n'a plus rien à rédouter
Quand on a perdu ce qu'on aime.

III.

Si je l'aimai, cet objet adorable,
Et fi j'oubliai tes Bienfaits ;
C'eft toi, mon Dieu, qui m'as rendu coupable,
En lui donnant autant d'attraits :
A mes Sermens toujours fidéle,
Et toujours foumis à ta loi,
Jamais je n'euffe aimé que toi,
Si je n'avais brulé pour elle.

IV.

Elle n'eft plus, la mort impitoyable
A moiffonné fes jeunes ans :
Helas ! aufond d'un Sépulchre éffroyable,
Elle captive encor mes fens.
En t'implorant, mon cœur t'outrage ;
Mon Dieu, mes vœux font criminels,
Puis-que j'apporte à tes Autels,
Un cœur rempli de fon image.

* * *

TABLE DES CHANSONS DU IIE VOLUME.

A.

C

D

E

H

J

L

O

P

S

U

N.ª Les paroles des chansons marquées par *** sont de L'Auteur de la Musique.

J'ai lu, par ordre de Monseigneur le Chancelier, un Manuscrit intitulé Choix de Chansons, et je n'y ai rien trouvé qui m'ait paru devoir en empecher l'impression. A Paris ce 22 Juin 1772.

DES FONTAINES.

www.ingramcontent.com/pod-product-compliance
Ingram Content Group UK Ltd.
Pitfield, Milton Keynes, MK11 3LW, UK
UKHW020304180726
13839UKWH00001B/367

9 782329 474465